Inventaire de mon foyer

linge de maison - vêtements - piles - objets de valeur

Ce carnet appartient à

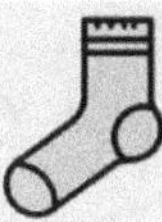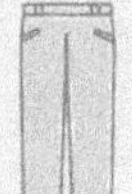

Index

 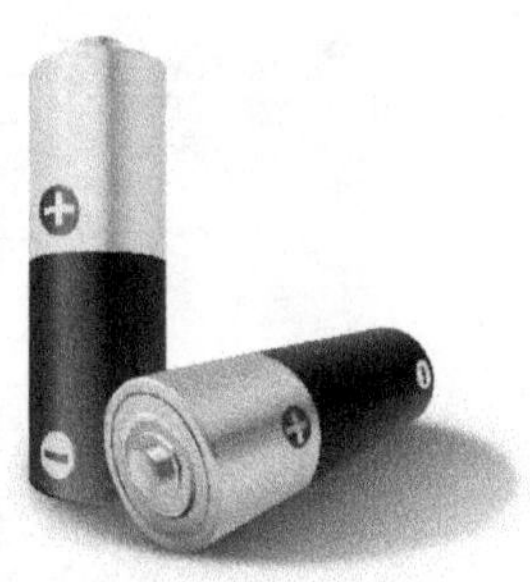

Linge de Maison

Pièce	Désignation	Dimensions
Chambre 1	Taille drap-housse :	
	Taille housse de couette :	
	Taille drap :	
	Taille oreiller :	
Chambre 2	Taille drap-housse :	
	Taille housse de couette :	
	Taille drap :	
	Taille oreiller :	
chambre 3	Taille drap-housse :	
	Taille housse de couette :	
	Taille drap :	
	Taille oreiller :	
Chambre 4	Taille drap-housse :	
	Taille housse de couette :	
	Taille drap :	
	Taille oreiller :	
Chambre 5	Taille drap-housse :	
	Taille housse de couette :	
	Taille drap :	
	Taille oreiller :	

Notes

Linge de Maison

Pièce	Désignation	Dimensions
	Taille drap-housse :	
	Taille housse de couette :	
	Taille drap :	
	Taille oreiller :	
	Taille drap-housse :	
	Taille housse de couette :	
	Taille drap :	
	Taille oreiller :	
	Taille drap-housse :	
	Taille housse de couette :	
	Taille drap :	
	Taille oreiller :	
	Taille drap-housse :	
	Taille housse de couette :	
	Taille drap :	
	Taille oreiller :	
	Taille drap-housse :	
	Taille housse de couette :	
	Taille drap :	
	Taille oreiller :	

Notes

Linge de Maison

Pièce	Désignation	Dimensions

Notes

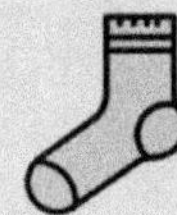

Vêtements

Prénom : ....

Objet	Taille - Pointure	Nombre
Chemise - Chemisier	:	
Costume	:	
Gilet	:	
Manteau	:	
Pantalon	:	
Polo	:	
Pull over	:	
Short	:	
Sweet-Shirt	:	
T-Shirt manches courtes	:	
T-Shirt manches longues	:	
Veste	:	
	:	
Jupe	:	
Robe	:	
Tailleur	:	
	:	
Caleçon - slip	:	
Chaussettes	:	
Maillot de corps	:	
Soutien-Gorge	:	
	:	
Bonnet	:	
Chapeau	:	
Gants	:	
Echarpe	:	
	:	
Chaussures	:	
Chaussures sport	:	

  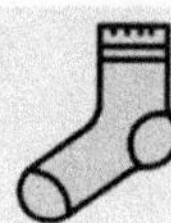    

  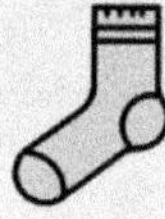  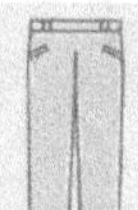  

  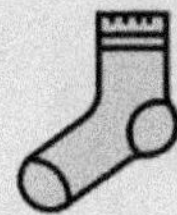    

Vêtements

Prénom :

Objet		Taille - Pointure	Nombre
Chemise - Chemisier	:		
Costume	:		
Gilet	:		
Manteau	:		
Pantalon	:		
Polo	:		
Pull over	:		
Short	:		
Sweet-Shirt	:		
T-Shirt manches courtes	:		
T-Shirt manches longues	:		
Veste	:		
	:		
Jupe	:		
Robe	:		
Tailleur	:		
	:		
Caleçon - slip	:		
Chaussettes	:		
Maillot de corps	:		
Soutien-Gorge	:		
	:		
Bonnet	:		
Chapeau	:		
Gants	:		
Echarpe	:		
	:		
Chaussures	:		
Chaussures sport	:		

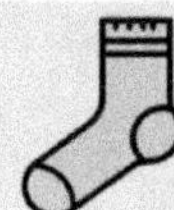

Notes

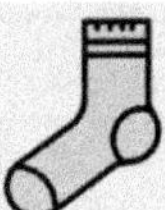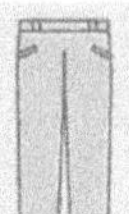

  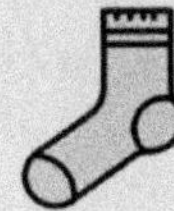    

Vêtements

Prénom :

Objet	Taille - Pointure	Nombre
Chemise - Chemisier :		
Costume :		
Gilet :		
Manteau :		
Pantalon :		
Polo :		
Pull over :		
Short :		
Sweet-Shirt :		
T-Shirt manches courtes :		
T-Shirt manches longues :		
Veste :		
:		
Jupe :		
Robe :		
Tailleur :		
:		
Caleçon - slip :		
Chaussettes :		
Maillot de corps :		
Soutien-Gorge :		
:		
Bonnet :		
Chapeau :		
Gants :		
Echarpe :		
:		
Chaussures :		
Chaussures sport :		

  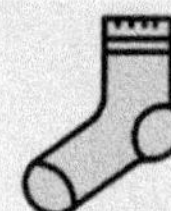  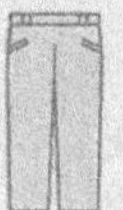  

Notes

    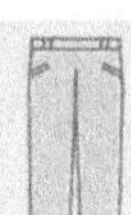  

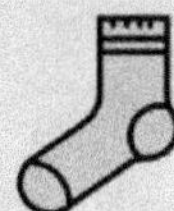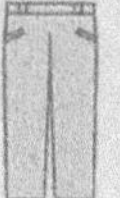

Vêtements

Prénom :

Objet	Taille - Pointure	Nombre
Chemise - Chemisier :		
Costume :		
Gilet :		
Manteau :		
Pantalon :		
Polo :		
Pull over :		
Short :		
Sweet-Shirt :		
T-Shirt manches courtes :		
T-Shirt manches longues :		
Veste :		
:		
Jupe :		
Robe :		
Tailleur :		
:		
Caleçon - slip :		
Chaussettes :		
Maillot de corps :		
Soutien-Gorge :		
:		
Bonnet :		
Chapeau :		
Gants :		
Echarpe :		
:		
Chaussures :		
Chaussures sport :		

Notes

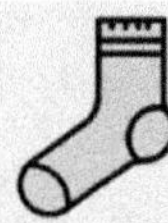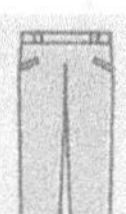

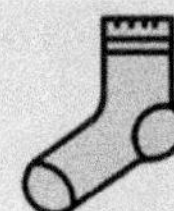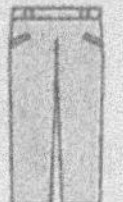

Vêtements

Prénom : ....

Objet	Taille - Pointure	Nombre
Chemise - Chemisier	:	
Costume	:	
Gilet	:	
Manteau	:	
Pantalon	:	
Polo	:	
Pull over	:	
Short	:	
Sweet-Shirt	:	
T-Shirt manches courtes	:	
T-Shirt manches longues	:	
Veste	:	
	:	
Jupe	:	
Robe	:	
Tailleur	:	
	:	
Caleçon - slip	:	
Chaussettes	:	
Maillot de corps	:	
Soutien-Gorge	:	
	:	
Bonnet	:	
Chapeau	:	
Gants	:	
Echarpe	:	
	:	
Chaussures	:	
Chaussures sport	:	

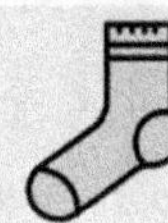

Notes

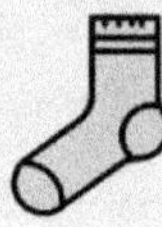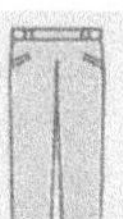

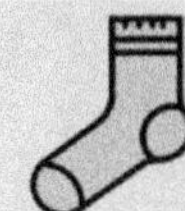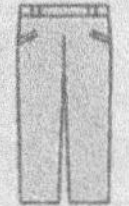

Vêtements

Prénom : ....

Objet	Taille - Pointure	Nombre
Chemise - Chemisier :		
Costume :		
Gilet :		
Manteau :		
Pantalon :		
Polo :		
Pull over :		
Short :		
Sweet-Shirt :		
T-Shirt manches courtes :		
T-Shirt manches longues :		
Veste :		
:		
Jupe :		
Robe :		
Tailleur :		
:		
Caleçon - slip :		
Chaussettes :		
Maillot de corps :		
Soutien-Gorge :		
:		
Bonnet :		
Chapeau :		
Gants :		
Echarpe :		
:		
Chaussures :		
Chaussures sport :		

Notes

  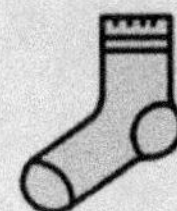    

Vêtements

Prénom : ....

Objet		Taille - Pointure	Nombre
Chemise - Chemisier	:		
Costume	:		
Gilet	:		
Manteau	:		
Pantalon	:		
Polo	:		
Pull over	:		
Short	:		
Sweet-Shirt	:		
T-Shirt manches courtes	:		
T-Shirt manches longues	:		
Veste	:		
	:		
Jupe	:		
Robe	:		
Tailleur	:		
	:		
Caleçon - slip	:		
Chaussettes	:		
Maillot de corps	:		
Soutien-Gorge	:		
	:		
Bonnet	:		
Chapeau	:		
Gants	:		
Echarpe	:		
	:		
Chaussures	:		
Chaussures sport	:		

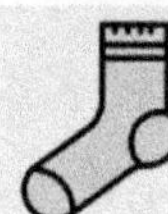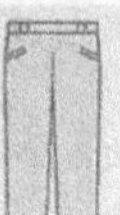

Notes

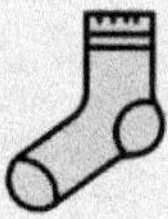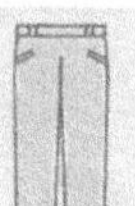

  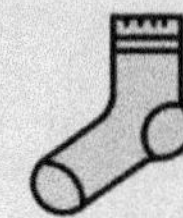    

Vêtements

Prénom : ....

Objet	Taille - Pointure	Nombre
Chemise - Chemisier	:	
Costume	:	
Gilet	:	
Manteau	:	
Pantalon	:	
Polo	:	
Pull over	:	
Short	:	
Sweet-Shirt	:	
T-Shirt manches courtes	:	
T-Shirt manches longues	:	
Veste	:	
	:	
Jupe	:	
Robe	:	
Tailleur	:	
	:	
Caleçon - slip	:	
Chaussettes	:	
Maillot de corps	:	
Soutien-Gorge	:	
	:	
Bonnet	:	
Chapeau	:	
Gants	:	
Echarpe	:	
	:	
Chaussures	:	
Chaussures sport	:	

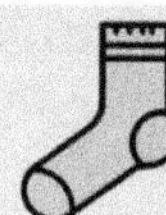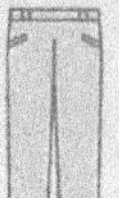

Notes

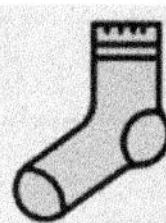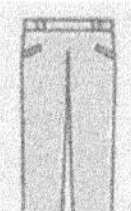

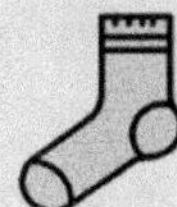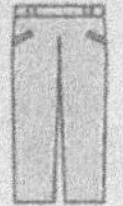

Vêtements

Prénom :

Objet	Taille - Pointure	Nombre
Chemise - Chemisier	:	
Costume	:	
Gilet	:	
Manteau	:	
Pantalon	:	
Polo	:	
Pull over	:	
Short	:	
Sweet-Shirt	:	
T-Shirt manches courtes	:	
T-Shirt manches longues	:	
Veste	:	
	:	
Jupe	:	
Robe	:	
Tailleur	:	
	:	
Caleçon - slip	:	
Chaussettes	:	
Maillot de corps	:	
Soutien-Gorge	:	
	:	
Bonnet	:	
Chapeau	:	
Gants	:	
Echarpe	:	
	:	
Chaussures	:	
Chaussures sport	:	

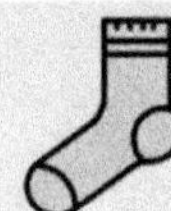

Notes

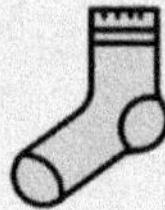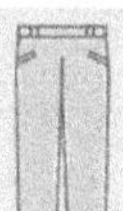

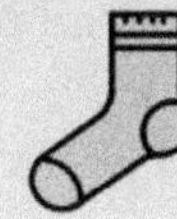

Vêtements

Prénom :

Objet	Taille - Pointure	Nombre
Chemise - Chemisier	:	
Costume	:	
Gilet	:	
Manteau	:	
Pantalon	:	
Polo	:	
Pull over	:	
Short	:	
Sweet-Shirt	:	
T-Shirt manches courtes	:	
T-Shirt manches longues	:	
Veste	:	
	:	
Jupe	:	
Robe	:	
Tailleur	:	
	:	
Caleçon - slip	:	
Chaussettes	:	
Maillot de corps	:	
Soutien-Gorge	:	
	:	
Bonnet	:	
Chapeau	:	
Gants	:	
Echarpe	:	
	:	
Chaussures	:	
Chaussures sport	:	

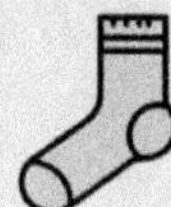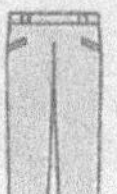

Notes

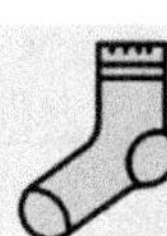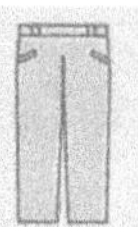

Ampoules

Pièce	Luminaires	Référence	Date de remplacement
Cuisine			
Salle de bains 1			
Salle de bains 2			
Toilettes 1			
Toilettes 2			
Salon			
Salle à manger			

Notes

Ampoules

Pièce	Luminaires	Référence	Date de remplacement
Chambre 1			
Chambre 2			
Chambre 3			
Chambre 4			
Chambre 5			

Notes

Ampoules

Pièce	Luminaires	Référence	Date de remplacement
Couloir		:	:
		:	:
		:	:
Arrière cuisine		:	:
		:	:
		:	:
Cellier		:	:
		:	:
		:	:
Cave		:	:
		:	:
		:	:
		:	:
		:	:
Garage		:	:
		:	:
		:	:

      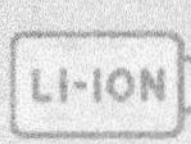 

Piles des Télécommandes

Appareil	Modèle de Pile	Nombre	Date de Changement
Portail entrée	:	:	:
Voiture 1	:	:	:
Voiture 2	:	:	:
Garage 1	:	:	:
Garage 2	:	:	:
Alarme	:	:	:
	:	:	:
	:	:	:
Télévision 1	:	:	:
Télévision 2	:	:	:
Box- serveur	:	:	:
	:	:	:
Volet 1	:	:	:
Volet 2	:	:	:
Volet 3	:	:	:
Volet 4	:	:	:
	:	:	:
	:	:	:
	:	:	:
	:	:	:
	:	:	:
	:	:	:
	:	:	:

Notes

Piles des Appareils

Appareil	Modèle de Pile	Nombre	Date de Changement
Balance cuisine	:	:	:
Pèse personne	:	:	:
Réveil	:	:	:
Pendule	:	:	:
	:	:	:
	:	:	:
	:	:	:
	:	:	:
	:	:	:
	:	:	:
	:	:	:
Clavier Ordinateur 1	:	:	:
Souris Ordinateur 1	:	:	:
Clavier Ordinateur 2	:	:	:
Souris Ordinateur 2	:	:	:
	:	:	:
	:	:	:
	:	:	:
Console jeu	:	:	:
	:	:	:
	:	:	:
	:	:	:

Notes

Objets de valeur

Objet	Notes	Prix	Date Achat

Notes

Objets de valeur

Objet	Notes	Prix	Date Achat

Notes

Objets de valeur

Objet	Notes	Prix	Date Achat

Notes

Objets de valeur

Objet	Notes	Prix	Date Achat

Notes

Objets de valeur

Objet	Notes	Prix	Date Achat

Notes

Objets de valeur

Objet	Notes	Prix	Date Achat

Notes

Objets de valeur

Objet	Notes	Prix	Date Achat

Notes

Objets de valeur

Objet	Notes	Prix	Date Achat

Objets de valeur

Objet	Notes	Prix	Date Achat

Notes

Objets de valeur

Objet	Notes	Prix	Date Achat

Notes

  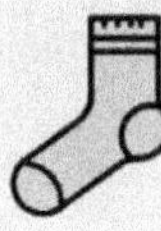  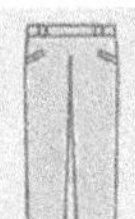  

Notes